*algum dia aqui dentro*

# algum dia aqui dentro

**IVANA PIRAJÁ**

**ILUSTRAÇÕES**
IRIS PIRAJÁ

**LETRAMENTO**

Copyright © 2020 by Editora Letramento
Copyright © 2020 by Ivana Pirajá

DIRETOR EDITORIAL | **Gustavo Abreu**
DIRETOR ADMINISTRATIVO | **Júnior Gaudereto**
DIRETOR FINANCEIRO | **Cláudio Macedo**
LOGÍSTICA | **Vinícius Santiago**
COMUNICAÇÃO E MARKETING | **Giulia Staar**
EDITORA | **Laura Brand**
ASSISTENTE EDITORIAL | **Carolina Fonseca**
DESIGNER EDITORIAL | **Gustavo Zeferino e Luís Otávio Ferreira**
ILUSTRAÇÕES | **Iris Pirajá**
REVISÃO | **Ana Death**

Todos os direitos reservados.
Não é permitida a reprodução desta obra sem
aprovação do Grupo Editorial Letramento.

**Dados Internacionais de Catalogação na Publicação (CIP) de acordo com ISBD**

---

L941a   Luckesi, Ivana Pirajá

　　　　　Algum dia aqui dentro / Ivana Pirajá Luckesi. - Belo Horizonte, MG : Letramento, 2020.
　　　　　78 p. : il. ; 14cm x 21cm.

　　　　　Inclui índice.
　　　　　ISBN: 978-65-86025-72-9

　　　　　1. Literatura brasileira. I. Título.

2020-2495
　　　　　　　　　　　　　　　　　　　CDD 869.8992
　　　　　　　　　　　　　　　　　　　CDU 821.134.3(81)

---

**Elaborado por Vagner Rodolfo da Silva - CRB-8/9410**

**Índice para catálogo sistemático:**
1. Literatura brasileira 869.8992
2. Literatura brasileira 821.134.3(81)

**Belo Horizonte - MG**
Rua Magnólia, 1086
Bairro Caiçara
CEP 30770-020
Fone 31 3327-5771
contato@editoraletramento.com.br
editoraletramento.com.br
casadodireito.com

*é sobre o que minha alma fala, nos momentos de encontro com quem sou verdadeiramente. são momentos de solidão, em que a leveza e a plenitude conduzem as palavras escritas. estas, antes adormecidas, despertam para encontrar um coração ávido por dizer do amor e da liberdade. então, vou renascendo todos os dias.*

# SUMÁRIO

## ah, o amor!     9

| | |
|---|---|
| 11 | escritos |
| 13 | aqui dentro |
| 14 | enluarar |
| 15 | silêncio |
| 16 | sonho |
| 17 | finitude |
| 18 | ilusão |
| 19 | sobre nós |
| 20 | ladainha |
| 21 | declaração |
| 22 | sina |
| 23 | amor sonhado |
| 24 | o bilhete e a flor |
| 25 | amor |

## despertar     27

| | |
|---|---|
| 29 | estrelas |
| 30 | espera |
| 31 | rubor |
| 33 | esconderijo |
| 34 | asas |
| 35 | devaneios |
| 36 | palavras |
| 37 | despedida |
| 38 | encontros |
| 39 | tempo |

| | | |
|---|---|---|
| 40 | caminhada | |
| 42 | ser | |
| 43 | nós | |
| 44 | redenção | |
| 45 | sinais | |

## *voo* 47

| | |
|---|---|
| 49 | voo |
| 50 | renascença |
| 52 | acabou |
| 53 | alma |
| 54 | libertária |
| 55 | navegar |
| 57 | meus pés |
| 58 | vida |
| 59 | celebro o amor |
| 60 | do lado de lá |
| 61 | solitude |
| 62 | despertar |

## *as cartas* 63

| | |
|---|---|
| 65 | para o amor de são joão |
| 67 | ao menino pescador |
| 69 | ao destino |
| 71 | para minha mãe |
| 73 | aos meus filhos |
| 75 | para mim |
| 77 | para minha criança |

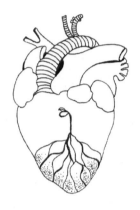

*ah, o amor!*

*escritos*

do lado de fora, a noite apresentava uma escuridão incomum. se não fosse o canto das cigarras, haveria apenas o silêncio e sua singularidade. as janelas estavam com as cortinas fechadas, e a pouca luz que entrava na casa antecipava o resumo da madrugada. vestida apenas com um robe de seda branco, ela se levantou do sofá e saiu recolhendo os copos da noite anterior. as pontas de cigarro espalhadas deixavam um rastro conhecido, fazendo-a inspirar e expirar várias vezes, em busca das lembranças.

enquanto arrumava os cds no fundo do armário, viu uma caixa de papel, coberta com rosas vermelhas pintadas à mão. não se lembrava da última vez em que examinara aquela caixa. puxou-a para si, passou a mão delicadamente sobre a tampa e tentou inutilmente limpar a poeira.

quando abriu a caixa, recordou-se de tudo. as cartas. as mensagens. os anseios secretos, os desejos revelados e não compreendidos e as perguntas que se perderam sem que fossem respondidas.

retirou dali um papel. abriu a carta pautada e ouviu sua própria voz.

*"eu só queria um dia, ou uma noite, andar com você, sentir nossas mãos se abraçarem. deixando o tempo escoar, perdido. falar sobre o que está escondido, sobre o que me cava, me adormece e me lança no abismo.*

*queria ouvir de você o que intencionalmente não me fala. o sentido de cada gesto seu, que encobre palavras não ditas. quero entender o que seus olhos recitam, quando me alcançam e desnudam minha alma, feito tecidos que escorregam suavemente por meu corpo.*

*eu não precisaria dizer nada, explicar o passado, ou desvendar o futuro. só queria viver o presente, todos os dias. assim, um dia de cada vez.*

*eu sei que você não sabe sobre esse mundo, que é só meu, que construí só pra mim. é onde me sinto segura, onde posso pensar e acreditar no que eu quiser. onde tiro a minha pele sem medo de ser julgada, na imensidão de tantos sentimentos.*

*por enquanto, as saídas precisam estar fechadas, até que o tempo sopre aos meus ouvidos que é chegada a hora. e quando isso acontecer, serão escancaradas."*

a carta que nunca fora entregue, reprimida. desde o início sabia que jamais chegaria ao destinatário. embora estivesse perto fisicamente, ele já estava longe do lugar sagrado, entranhado de amor, que ela havia concebido. essa é a pior distância que pode existir.

dobrou a carta cuidadosamente. depositou-a no cinzeiro e deixou que o fogo a queimasse. por fora. e por dentro.

subiu até o quarto, tateando na escuridão, e deitou-se na cama. ouviu a campainha tocar e se assustou. abriu as cortinas e viu o céu laranja. estava amanhecendo. enquanto descia as escadas, pensou na inconveniência da hora. a campainha tocou novamente.

ela segurou a maçaneta da porta e perguntou quem estava ali. mas não houve resposta. girou lentamente a maçaneta e abriu.

estava estático. o olhar dele atravessou seu corpo, querendo dizer algo sem conseguir. ela compreendeu tudo. pensou na carta, nas palavras que foram queimadas e nas palavras que ainda estavam vivas, ao contrário do que acreditara. entregou-se a elas. por dentro. e por fora.

# aqui dentro

você
aqui dentro
seguro
em meu mundo invisível
indizível

pare o tempo, pare
intensos abraços
encontro de beijos perdidos
cada intenção sentida

e tudo o mais reverencia o instante

# enluarar

vejo a lua

noite clara

céu vestido de pontos de luz

são jorge se eleva

exuberante

deito-me em seu colo

sinto seu afago

durmo em seus braços

desbravando a imensidão


leva-me para longe

para ver o mar...


meu coração arde

não é só dor

eu sei

é também amor

# silêncio

é no silêncio que a gente se amolda
abraça, envolve
faz juras de querer bem
tatua o corpo
colore com nossos próprios tons

é no silêncio que intenciono a tensão do amor
que só fica leve
quando você sorri
e me dá de presente
o seu olhar, sem nada cobrar, sem nada pedir
dizendo simplesmente
tô aqui

# sonho

por um segundo na noite
um ligeiro arrepio
faz ladainha no meu peito
atravessa meu corpo
enlouquece-o

tuas mãos
teu sorriso
derrama-me inteira
meu leito

eu me entrego
ao mar de seus olhos
sem a dor de outro dia
voando em cada melodia
da música que me toma

em frente ao espelho
eu danço
imagino você
segurando meu rosto
abraçando meu corpo
levando-me
pro lugar de nós dois

## *finitude*

não sei se é o seu sorriso
ou o mistério que cerca seus olhos
talvez seu jeito de entender o mundo
ou quem sabe seu querer
sem imaginar o que há dentro dos meus pensamentos

talvez uma possível saudade
afinal, tudo em você é paz

talvez um encontro desatinado
tão esperado

tropeço em seu abraço
sonhando
terá fim, eu sei

eu me pego pedindo pra não acordar
quando você invade meus sonhos

talvez eu não acorde agora
não quero perdê-lo na estrada
de volta para o real

# ilusão

achei que a vida tinha chão
tentei andar na contramão
temendo a tempestade de dor
colhendo cada flor
não deu pra segurar
voei...

passei por todo canto em vão
levei comigo o adeus
embalando a tristeza em mim
pensei na nossa história
não deu pra segurar
chorei...

leva-me para bem longe
 na asa do destino
cantando um lamento
refazendo cada ninho
sem pressa de voltar

leva-me com você
no barco do seu mar
ouvindo sua voz
dizendo desse amor
sem pressa de chegar

## sobre nós

são pequenos paraísos
basta o seu olhar, inteiro
pra me amar, seu sorriso

não penso mais
desisti de resistir
dilúvio de solidão
deixa pra amanhã
és abrigo

são os meus sonhos
moram em mim
é sobre nós, amor
segredos, enfim

quando acordar
onde estarei?
recomeçando, amor
longe de ti, eu sei

como estará você
no seu mundo?
coração se perdendo
longe de nós dois

eu espero anoitecer
pra gente se encontrar
de novo, nos meus sonhos
o sentido de tudo
é você, meu lugar

# *ladainha*

se o poeta soubesse da minha dor
deixaria sua rima se perder
no desenlace das palavras
meus olhos falariam aos teus

encontraria o tom da canção
fazendo ciranda em meus ouvidos
trazendo-me inesperados sussurros

se a vida me fizesse um grande favor
estaria bem longe da saudade
entregue em seu abraço
nas curvas de um rio

à deriva na água doce
eu me perderia
a vida traria pra mim
infinitas memórias suas

que o tempo me dê de presente
o encontro do seu lugar
como poesia fazendo música
pra gente dançar

que o tempo saiba da gente
sem desistir de procurar
como música fazendo poesia
pra gente se amar

## *declaração*

deito-me na lua
derrama-me luz
ilude minha escuridão
agasalho da alma

sinto sua falta
como correnteza
despedindo-se do mar
sinto sua falta
mãos dadas com o tempo
espero pelo recomeço
sinto sua falta
fecho os olhos
recito o último verso

mais um...
e mais um...
e outro...

se nada acontecer
eu lhe direi
em pensamento
que sinto sua falta
e que meu destino
cabe no seu abraço

## sina

o silêncio da sua voz
recobre-me todos os dias
sem nada esperar dos dias que virão
tua boca é meu amuleto
onde eu me deito pra me revirar
um aperto, a noite atravesso
no oceano desse lugar

o desejo da solidão
lança-me aos olhos teus
que descansam em paz na lucidez
teu riso é meu deleite
onde me deito pra me abraçar
a veste nua me acolhe por fora
de quem sabe a sina de amar

um aperto, a noite atravesso
no oceano desse lugar
um aperto, a noite atravesso
de quem sabe a sina de amar

## amor sonhado

lá vai o tempo de surpresa
deixando meu peito sem demora
caminho solo
sem atalhos
oh, vida que alimenta incertezas
são minhas

por que voltei?
não sei responder
para onde vou?
irei com você

viver o amor sonhado
de novo, do seu lado
vivendo tudo outra vez

dói dizer do sentimento
revelar
mas a alma é livre
deságua

rio que não morre
abraça a correnteza
e segue com o coração aliviado

# o bilhete e a flor

ela havia deixado um bilhete em cima da cômoda. dobrou-o diversas vezes antes de abandoná-lo. da porta, olhou para o papel distante. minúsculo, perdido. era pautado, com linhas cinza-escuras. usara a única caneta da casa, jogada em cima da penteadeira, já quase sem tinta. desenhou cada letra com cuidado, apagando com força as palavras que saíram sem o seu querer. o azul se desfez, entremeando-se em gotas de água salgada. usara as mãos pra secar o papel, implorando intimamente para que não rasgasse.

longe dali, na estação, esperou o trem. ouvia apenas um burburinho distante. queria ter tido tempo de ler tudo de novo. o trem chegou. ela puxou a pesada mala e entrou. o dia estava frio e, pela janela, a vista não tinha cor. seu peito doía e o corpo pesava.

uma moça lhe ofereceu um chá. o trem estava vazio. ela não percebeu quando parte dos passageiros desceu carregando suas sacolas. abriu um pouco a janela e se incomodou com o frio.

duas horas. o trem parou. ela pediu a um jovem que lia na última poltrona para que a ajudasse a carregar a mala do vagão.

andou pela calçada, com as mãos trêmulas, acelerou o passo, desejando um café forte.

quando chegou à porta do quarto do hotel, viu uma rosa embrulhada num papel de seda branco, pendurada na fechadura, com uma fita de seda vermelha.

no tempo em que morou na praça, aos finais de tarde costumava receber uma rosa de presente. gostava das que ainda eram pequenos botões. a expectativa de vê-las se abrindo, uma por uma, a entusiasmava. estava sempre envolvida num papel branco, com um laço vermelho fechando o contorno. ia pra casa sorrindo, com sua flor nas mãos, cheirando o ar perfumado. em casa, juntava todas num buquê, que enfeitava um jarro alto de vidro, no centro da mesa de jantar.

saudade.

retirou a flor com cuidado e entrou no quarto. ele lera o bilhete. ela sabia.

# *amor*

cerceia

liberta

incendeia

esquenta

vira gelo

vira pó

deforma-se

ajusta-se

conforma-se

acalenta

sufoca

permite

contempla

questiona

rasga

paralisa

ataca

defende-se

sustenta

arrebenta

deixa cair

vai

volta

ronda

escuta

silencia

declama
grita
provoca
irrita
acalma
simplifica
envaidece
completa
falta
esconde-se
revela-se
castiga
perdoa
confunde
teima
suga
lamenta
deseja

entrego-me

o amor e suas circunstâncias

*despertar*

# estrelas

do barco, eu fiquei olhando para o mar, de um azul anil sem referência. estava calmo, desenhado com pequenas ondas que acariciavam a proa. espumas brancas se esparramavam em direção à areia. o barco balançava no ritmo do mar. sob o céu claro, nenhuma nuvem ocupava o espaço. era somente o sol, esquentando a madeira velha onde eu pisava com força. puxei a vela, que subiu lentamente, ao encontro do céu. uma brisa oportuna passou a conduzir meu caminho, no meio do lugar sem paredes. abri uma toalha e me deitei no chão quente. fechei os olhos. não me lembro de por quanto tempo dormi. acordei com o corpo úmido e quente. já era noite. ao redor do barco não havia nenhum sinal de luz. toquei na água com as mãos. estava gelada. tirei a roupa e pulei. cada poro do meu corpo esfriou, e o sal fez minha pele arder levemente. deixei que meu corpo flutuasse, sendo levado pela correnteza. abri e fechei os olhos várias vezes. o sol havia dado lugar às estrelas. comecei a contá-las, uma por uma. naquele silêncio, vi uma sucessão de estrelas cadentes. um presente. estrelas *calientes* que aqueceram meu coração por todo o resto daquela noite, até a completa escuridão.

*espera*

escrevi devagar
juntando palavras soltas
que ficaram ali, no caderno
esquecidas

eram as rimas mais lindas
fiz do seu lado

esperei que você voltasse
contasse do seu dia
esperei que você fizesse de mim
poesia

seu rosto
a imagem mais linda
guardei de inspiração

engraçado como a vida corre pro lado do amor

os poemas não existem
sem você perto de mim
o último verso
a canção mais linda
eu fiz só pra você

pra que volte a ser como era
e a gente viva pra sorrir
pra que eu sinta seu abraço
pra que seus olhos me vejam
desse jeito que sou

# rubor

o dia em que me deparei com sua alma
descoberta
veio a derradeira sentença
a fuga inútil sorriu para mim
de soslaio
atrevimento meu

pedras que os pensamentos jogaram

eu acordei do sonho
redemoinhos internos sacudiram minhas vãs decisões

de fora, você estendeu a mão
segurou-me
sem me tocar
disse-me da névoa pálida
que invadia meus olhos
apontando a cegueira
soprou-me os ouvidos
corando a minha face

rubor de amor

mais tarde tudo se dissipou
deleite em poemas
versos em jangada
cobriram meu além-mar

voltei-me para o lugar de outrora
fiz-me de desentendida

cuidar é o que me resta
apetece-me
no íntimo
e a paz
esta célebre visitante
deita-se comigo

# esconderijo

da boca não sai nada
é o coração guardando as palavras com cuidado
não podem escapar, melhor não
se saírem, serão com ondas intensas
arrebatando tudo
com a força de uma tempestade

enquanto dentro, são mansidão
massageiam a alma
conduzem o leme da razão

não têm forma ou cor
apenas divagam e se submetem
ao que de surpresa chega

melhor deixar as palavras quietas
no mesmo coração
sem porta ou fechaduras
intangíveis

falam por dentro
com língua e vozes de um lugar incomum
onde poucos se aconchegam

## *asas*

veio numa caixa
das mãos do mensageiro
selada por um beijo

entre
abra
vejo que o amor é todo seu

escreveu um poema
cheio de lembranças

dobrou o papel
disse adeus

um abrigo de palavras
envolvidas num abraço final

se o dia amanhecer
e um pássaro cantar
minhas asas se abrirão
e nunca mais vou voltar

# devaneios

poema em gesto
canção cantada em fala
vento fugidio
sorriso andante
tantos silêncios em um tanto
como nós delicados
como rios distantes

corte do tempo, em breves aparições suas...

segredos honestos
muros invisíveis
vestes frágeis
palavras em revoada
dizendo do inexplicável
como fogo pálido do lado fora
como amor que morre por dentro

costura do tempo, em longos devaneios meus...

# palavras

palavras soltas
definem sentimentos
as letras se dissipam
tomam rumo próprio
deixam a folha em branco

um instante

ao longe, as palavras voltam
bailam juntas
desenhando contornos verdadeiros
desabam as certezas
não sei mais
onde tudo nasceu
quando terminará
o que é
dentro de mim, linhas e palavras infinitas

# despedida

o amor foi embora
sem olhar em volta
decidido
andando com pressa
tropeçando descalço

pelo chão
marcas de despedida
lamento em meus ouvidos
nossa canção

havia algo escondido aqui
o amor permanece vivo
em você
esse amor vive em mim
assim

se for diferente
que o adeus seja longo
que o abraço não acabe
e que encontre todo o sentido
do que não foi capaz de dizer

# encontros

às vezes a alma fica perdida
por entre as veredas
procurando por outra
negando a despedida
guarda a lembrança do tempo invisível
carrega o silêncio daqueles dias
espera a calmaria

o vazio busca alento
atrás de um novo tempo
sem perder a direção

vai
segue sem medo

a alma aprende que se ergue sozinha
sem as amarras de outra
desfaz cada linha
pra depois recomeçar

## *tempo*

paciência com o tempo
ele desenha do jeito dele
anda no seu próprio ritmo
escolhe com sabedoria
marca encontros
faz desencontros
afasta lamentos
deixa chegar
o que precisa vir

tempo

legítimo dono do destino

# caminhada

do alto, era um rio de cores. em alguns trechos, elas se misturavam, formando espaços acinzentados. no leito, pedras brancas, de vários tamanhos, contrastavam com as estampas dos pequenos peixes que roçavam as plantas com vigor. de cima, dava para ver o brilho intenso da areia, como pequenos cristais que brincavam com o fluxo da água. via-se a imensidão, um infinito de tons, matizes dançantes.

com os pés descalços, a mulher começou a descer o morro, reverenciando, a cada passo, as plantas e árvores que a observavam, a terra úmida que envolvia seus dedos e a longa estrada de terra que a conduzia até o rio. caminhou por muito tempo. chegando à margem mais estreita, foi envolvida pelo som das águas e pelas cores que ali flutuavam, acompanhando a correnteza. molhou os pés, seduzida pelo calor da água, e sentiu a areia fina permear seus dedos. seguiu caminhando em direção à parte mais profunda do rio, deixando que a água beijasse cada parte do seu corpo, devorando-a com delicadeza. estava aquecida. acolhida pelo lugar, pelo instante. ouviu o barulho da cachoeira, ao longe, fazendo suas curvas, encobrindo obstáculos.

suspirou profundamente. e mergulhou. parou por alguns segundos. quando abriu os olhos, avistou somente a escuridão. buscou espaço na noite, rasgando o rio, abrindo e fechando suas fendas. tudo permaneceu distante. nadou buscando a superfície, desejando ar. mas algo a puxava de volta para o rio. tentou várias vezes sair dali, olhava em torno de si, procurando alguém que pudesse ajudá-la, mas não havia uma réstia de luz. exausta, parou de lutar. somente seu vestido flutuava, como um lembrete da vida. abriu os braços e entregou-se.

passeava de barco com seu pai. era um barco pequeno, branco e azul, com uma vela cor de areia. usava um vestidinho de renda, com pequenas flores bordadas, e dois laços na altura dos ombros. enquanto a rede era lançada, tocando a água com suavidade, a menina pulava e brincava no rio, jogando migalhas de pão para os peixes que circulavam por ali. quando o sol começava a esquentar, era hora de voltar. ela ia sentada na proa, com as pernas e o sorriso soltos. e o pai olhava para ela, confiante.

quando tocou a superfície, tomou um susto. não sabia onde estava. olhou para o vestido tingido pelo marrom do rio. correu para a margem, com o corpo frio e encharcado. caiu de joelhos na areia e deixou que o corpo repousasse ali mesmo.

acordou com a luz do sol em seu rosto. do morro, viu o rio. a água estava limpa, serena, e não havia correntezas. no horizonte, apenas o céu. as nuvens que por ali passavam trouxeram uma chuva fresca.

a mulher se levantou e começou a cantar. era um lamento. saiu andando, devagar, com seus passos ritmados, descendo por trás do morro. ouviu o canto delicado de um pássaro. e, quando olhou para o alto, ela viu o rastro de cores despontando além do rio. um arco-íris riscava o azul-celeste. o pássaro a esperava, pousado numa pedra vermelha, bem no meio do caminho. seguiram juntos, céu e terra.

*ser*

eu
fluida, como a água
argila insculpida por dois mundos
um que mora dentro
e outro que se desnuda ao redor

sou enredo de movimentos assimétricos
rio de incontáveis nascentes
labirinto sem partida ou chegada
um livro de páginas infinitas

alma andante
ser efêmero
em suas múltiplas existências

# nós

ela planejou cada detalhe. nas pequenas coisas, um ajuste, um arremate. não teve pressa. pensou muito todas as vezes em que precisou se decidir. ponderou o antes e o depois. vislumbrou passado, presente e futuro. como uma linha que sai costurando os pedaços. nada foi rasgado. as cordas tinham vários nós, bem apertados. os pensamentos ficaram intactos, moldados por suas expectativas. o que tentou vir de fora, não conseguiu entrar. estava tudo ali. como um diário escrito até a última página ou uma tela sem espaço para qualquer outra cor. ela se alegrava com isso. tudo sob controle. calma. ai de quem mexesse! assim seria, sem ato ou fato que transformasse o que estava pronto em ruínas. uma sensação boa de ter o movimento no tempo de seu próprio relógio. os dias passam e tudo fica intacto, quase uma vitrine.

uma surpresa que chega certo dia. o passado vem ao encontro do presente, e o futuro recua. a linha se parte, e os tecidos se misturam. o diário apresenta a ela escritos em branco, com palavras que se desarrumam e depois dão adeus. a tela presa ao cavalete se esvazia. gente entra e sai da sua mente, da sua vida. ela não consegue mais ficar parada e, à medida que os dias correm, o mundo vai dando suas piruetas. novos tempos, outros rumos, diferentes jeitos. tudo sai do controle, escancaradamente. ela entende. e segue sua vida aprendendo a não pensar, a sorrir com o desconhecido e a admitir a beleza do imprevisível, afrouxando os nós das cordas.

# redenção

eu me perdi várias vezes
por diversos caminhos
encontrei-me onde nunca poderia imaginar
meu íntimo altar
que sempre esteve à minha espera

hoje
meus gritos são orações
meu silêncio, redenção

# sinais

eu vejo a velocidade do tempo
sonda-me, leva-me, sem parar
vou pela estrada que desenha o destino
na minha dimensão particular
que é mais forte do que eu
são meus desatinos

eu mudo meus planos tão protegidos
traio-me, lamento e desperto
recordações e lampejos de vida
na intimidade dos meus pensamentos
a saudade está nas entrelinhas
entrego-me, despida de todos os sonhos

enfim, escolho repousar no rio
aqueço-me, espelho-me devagar
encontro a canção sagrada
no leito do meu coração
é ele que fala, que vela por mim
sou dele a morada

o sol agora repousa no espaço vazio
é a lua que está dentro de mim
quando tudo se apagar
surgirão as estrelas
e a lembrança do que se despediu

*voo*

*Voo*

um sobressalto. corpo trêmulo, as mãos úmidas e a respiração entrecortada.

voava com longas asas que nasciam de suas costas, repletas de penas volumosas, brancas e cinzas. do céu, via o mar e a areia iluminada da praia. atravessava as nuvens com facilidade, mergulhava no céu claro, subia e descia suavemente, cortando o ar, como se uma pena fosse. o vento trazia um cheiro doce, que impregnava a sua pele e fazia-lhe sorrir com os olhos. em sua boca, não cabiam palavras. o silêncio preenchia cada espaço. corpo aquecido pela alma. o calor sustentava os rasantes e as descobertas repentinas, pensamentos que chegavam aos ouvidos e à mente, enchendo-a de confiança.

levantou-se vagarosamente da cama e caminhou até o espelho. percebeu uma penugem finíssima que repousava em seu colo. seu corpo estava leve, dançava por dentro. no mesmo instante, viu-se anjo. livre, destemida, irreprimível.

# renascença

vim de manhãzinha
um passo, enfim, parei no canto
vesti meus pensamentos
voltei atrás
deixei meu pranto

um gemido escapou
sem ter sentido
de um jeito que entorpece
regando a dor
para que ela espere

o que se faz
quando a saudade abre caminho
na madrugada?
inventa qualquer hora
traz outra história
reverte o tempo?

meu peito reconheceu aquele chão
que se fez novo
passei por entre as pedras
ouvi meu guia
de lá do céu

deixei que a canção tocasse em mim
como um abraço
eu vi a água correr
beijar o mar
à minha espera

provei da minha alma
tão plena e nua
um recomeço

voltei para o mundo
voltei pra casa
e vi as estrelas sorrindo pra mim

## *acabou*

deixa o burburinho
chega, amor
eu te digo: meu bem, estou muito bem

quem nunca esperou?

pegue o primeiro trem
acena de longe, amor
eu te digo: adeus, não quero voltar
a estrada acabou

# alma

alma descontente
pelo caminho, deixa dores e pedras
dissipa-se em caminhos opostos
descansa
espraia-se
dança com o vento
garimpa desejos
livra-se da tocaia

inquieta-se
revoluciona
entorpece
veste-me de fortaleza
suspira ao meu ouvido
vive-se para atravessar fronteiras

alma que transborda
que se encanta
deixa pegadas sólidas
andarilha ao encontro do amor
faz-se permanente
não vai parar

# libertária

ela saiu caminhando pela calçada, descalça e inquieta. desviou-se muitas vezes dos olhares furtivos, dos gestos desenfreados e das palavras cortantes. desejava a liberdade de estar só, de não sofrer com os limites do tempo e do espaço, de seguir e recuar quando bem entendesse.

chovia muito. chuva bem-vinda. água que veio pra lavar o resto de chão, a fresta de luz, levando, como enxurrada, a poeira incrustada. ela olhou para a poça e viu-se moça. deixou-se banhar. o cabelo comprido roçava-lhe as costas, a roupa moldava-lhe o corpo, e seu pensamento já não mais a conduzia. eram apenas os sentidos. enxergava de olhos cerrados. escutava o burburinho da alma. tocava o silêncio. sentia o cheiro do invisível.

rodopiou e rodopiou, abraçando o tempo, com riso solto e corpo flutuante. era ela, inteira, extasiante, lançada ao encontro de si mesma.

sentou-se ali, no meio da rua, abraçou o próprio colo e sorriu. pensou na criança, no destemor, nos mistérios, nas crenças, na juventude enlouquecida, na moral corrompida, na traição esperada, na saudade doída, na esperança quase esquecida. e no meio de tantas contradições, tudo o que era incompreensível no passado fez sentido no presente.

o essencial deixou-se plantar em terra firme. encontrou abrigo no coração incandescente. a alma se revelou. libertou-se do que a sufocava, do que a matava. renasceu.

a partir dali, nada seria como antes.

## navegar

deixei tudo para trás
fiquei atenta aos sinais
ao sentido de tudo
o que é viver
meus canais vitais

mesmo que o mundo
revele o avesso do que sou
mesmo que a vida
seja muito diferente
está tudo bem, tudo mudou

serei a vela
do meu próprio barco
a viagem que o tempo
reservou só pra mim

na direção do presente
no rio em que navego agora
nas ruas que me levam
pra longe do passado
que ontem se despediu
pra não ser lembrado

reescrevo a história
todos os dias

meu coração recebe
o que o mundo
tem pra me dar

dou-me conta um dia
sobre o que busquei lá fora
de que tudo estava
dentro de mim

se algo acontecer
que seja bom, assim

## *meus pés*

pés que se lançam na estrada de uma vida inteira
desviam-se do que os torna inertes
ou do que os impede de dançar
flutuam diante da selvageria dos ventos e das chuvas de açoite
fazem da terra seca, seu ninho
das folhas caídas, seus mantos

saltam vencendo vazios e aplacando distâncias
recuam sem olhar para trás
depois, seguem sozinhos
elevam-se e andam seguros
rodopiam freneticamente
alegram-se na exaustão
choram com a doçura das águas
andam sorrindo na estrada da vida inteira
arrebatados

# vida

fui subindo, escalando as nuvens, segurando os fios de chuva que balançavam como cipós no céu. recebia o abraço suave do vento, que sussurrava poemas em meus ouvidos. o sol lançava sobre mim o seu calor, enchendo meu corpo de energia.

continuei subindo e, nas vezes em que ameacei cair, asas de pássaros brancos me sustentaram e me lançaram pra cima. e a escalada recomeçava. um caminho no horizonte, de subidas e descidas desmedidas.

no início da noite, a lua apareceu de surpresa no céu. trouxe com ela, de mãos dadas, estrelas de vários tamanhos, que deixaram um rastro de luz pelo caminho. lá de cima, a lua espiava o mundo e espalhava seus mistérios. e as estrelas? brincavam, escondendo-se umas das outras.

do alto, com meus pés na escuridão, eu vi o mundo em sua finitude. vibrava entre verdades e utopias, sonhos e lamentos. era tão pequeno, tão frágil... mas uma fragilidade instantânea. ou talvez, suposta. Porque, no centro de tudo, estava o fogo, intenso e vivo, que fazia toda a terra pulsar. e pulsava tanto, mas tanto, que do meu lugar, meu coração se ritmava, dançando no mesmo passo.

senti-me viva de novo.

# celebro o amor

areias desse mar

andanças da minha vida
vai com a ventania
eu venho de longe
de um lugar que não tem nome, nem razão de ser
carrego a esperança
nada é em vão

diante dos meus olhos
a paisagem me acena
me chamando pra cena
me leva pra qualquer lugar

onde eu possa mergulhar
dentro de mim
onde eu possa mergulhar
por mim

caminhos entrelaçam tantas vidas, tantos sonhos
nascem as poesias e canções
e são invisíveis as palavras
que me dizem pra continuar

celebro o amor
pra me guardar
leva-me adiante
a vida vai com a ventania
é tudo o que quero imaginar

# do lado de lá

passarinho cor de mel
ladrilhando meu caminho
chão de nuvens
véu de chuva
lá no céu

flor do campo verde azul
perfumando a luz da lua
oceano dentro do mar
serenar, serenar...

céu de mato pra além-mar
meu rio de brincar
céu de mato pra além-mar
meu rio de brincar

eu vim de algum lugar
de trás da lua cheia
eu vim desse lugar
de flor de laranjeira

céu de mato pra além-mar
meu rio de brincar
céu de mato pra além-mar
meu rio de brincar

## *solitude*

ela gosta de se deitar na rede da varanda, esticar o corpo, fechar os olhos e sentir o sol quente da manhã tocar seus pés. vez ou outra lê trechos de um livro, prepara um chá e rega suas orquídeas. gosta de andar descalça, abrir as janelas da casa e contar as mangas do pé. sente prazer em ligar o chuveiro e deixar a água quente correr por seu corpo, sem se preocupar com o tempo. à noite, ela costuma ir até o jardim só pra sentir o cheiro das flores e aproveitar a claridade da lua. gosta de ficar só. de estar só. ela sabe, em seu íntimo, que tem companhia. aninha-se em seus pensamentos, coberta por lembranças, revivendo sensações, envolvida com a presença de si mesma. gosta de ouvir as músicas de sua história, de rever as fotos guardadas na caixinha de madeira que enfeita sua cabeceira, de assistir a seus filmes prediletos nas tardes chuvosas e beber chocolate quente na varanda quando os ventos chegam de mansinho. gosta de não precisar dizer qualquer palavra, de fazer escolhas sem o fardo do julgamento, ou de não ouvir mais nada além do silêncio. gosta de ir pra cama à noite, levando seus sonhos e suas ilusões, sentindo seu próprio cheiro no travesseiro. gosta do escuro da noite, de olhar para o céu e ver a imensidão de pontos de luz. gosta de dormir sem ter de suspirar lamentos ou planejar o amanhã. e, assim ela segue todos os dias, atravessando portas e andando por caminhos estreitos, dentro de si.

## despertar

ando entre o sonho e a realidade
entre amores, desafetos e verdades
não desenho o fim
nem cobro tudo de mim

a liberdade é mansidão que arrebata

*as cartas*

# para o amor de são joão

lá no sertão onde a terra
sai do chão
e o povo todo mexe e vira multidão
enche a rua de fogueira e balão
para esperar a noite
é festa de são joão

tem bandeirola enfeitando
toda a praça
e o dia vai caindo bem devagarinho
e lá no meio do coreto a novidade
quem chama é o sanfoneiro da cidade
o forró invade a noite e o dia inteiro
quero dançar com meu amor
que é zabumbeiro

teve chuva, teve a imensidão do céu estrelado
teve lua escondida, teve beijo enamorado
teve saia rodada

passinho de xote
teve beijo no cangote
teve abraço de amor

teve reza, teve padre

casamento marcado
buquê de flores do sertão

teve dança, riso
ai, meu coração!
segura minha mão

passeio na roça
carinho com jeitinho
passarinho, não leve meu amor

deixe-o quietinho
meu bem, segure aí
que o são joão não terminou

## ao menino pescador

ei, menino que mora nesse mar
arrasta essa rede
abençoa o luar
vou ver seu barco chegar
bem devagar

de lá do pontal
pra eu olhar
vou levando a fé
no balanço do mar

se você puxar a rede
não sei se vou entrar

ei, menino pescador
ei, menino pescador
que mar é esse
que leva e traz o meu amor?

eu vou perguntar a yemanjá
a minha mãe
o que será que ela me diz
pra me guiar

eu vou na maré

vou louvar o mar
é odoyá que
vai me segurar

rara beleza
que a correnteza traz
a força de onde virá
mar sagrado que vai me banhar
meu caminhar

meu coração
descansa em paz
ei, menino vai ter que esperar
foi assim que me disse
minha mãe, de lá do mar

a vida vai ter que esperar
foi assim que me disse
minha mãe, de lá do mar

# ao destino

venho calçando meus pés
de terra rasteira e quente
que entranha nos dedos
com medo
fugindo do chão

venho colhendo com as mãos
a raiz endurecida
que vai procurando um lugar
sem encontrar permissão

de cima, o sol queima
por dentro, meu peito ferve
a chuva vem depois
pra lavar o leito

por baixo, a semente agoniza
por dentro, a alma luta
as folhas já chegam tarde
quem sabe outro dia

venho regando em vão
a estrada seca e vermelha
que descansa em cada lugar
pedindo oração

venho com a minha cruz
com a vida pelo avesso
no meio de tantos tropeços
sigo pedindo perdão

é a trilha da vida

sigo meu destino, acaso da morte

sigo meu destino, acaso da sorte

## *para minha mãe*

do barro vermelho
mãos sobre mãos
subiram a casa
erguida com força
quem é que carrega
tantas vidas, tantos nãos?

irmãs e filhas
nascidas pra vida
no mesmo lugar

em tempos sem data
do berço da mata
vieram me contar

a cruz no telhado
foi deus quem deixou
na mesa comida de quintal

minha mãe quem cuidou
curou dor com sal
marcou sua passagem
cessou o temporal

a água do poço

é o ventre que carrega
tantas ilusões
que o mundo ancora em nós

ouvi de minhas mães
clarões de fé
mulheres raízes
que seguiam a pé

no leito do rio
de braços pro alto
levavam no cesto
o dom do cuidado

entrego a lembrança
adeus à dor dará
bendita esperança
de quem nascerá

## *aos meus filhos*

quantas vezes a gente tropeça
e o mundo se encarrega
de nos aquecer

de nos levantar sem pressa
pra que a gente olhe
pro céu e segure
o que é preciso aprender

é a vida semeando em nós
sem que a gente perceba

estamos de olhos fechados
coração magoado
vivendo na represa

e nada nos deixa partir
lembrando o passado
não queremos sair

mas chega a hora de abrir a porta
de olhar pro que nos faz despertar
pra onde a vida está
e lembrar de que tudo mora dentro de nós

de que nada faz sentido
sem o colo amigo
sem a cor azul do mar

sem a pedra que descansa no rio
sem a flor que alguém vai regar

pra que um dia aconteça
a ponte atravessar

a vida vai continuar
pra que o sol apareça

a vida vai continuar
pra que a gente não esqueça

a vida vai continuar
pra gente poder amar

## *para mim*

ver em todo canto
o que só você percebe
ver em todo canto
o que só você sente
dentro do seu mundo

sei que não é fácil
ficar de pé
lutar de frente
no meio de tanta gente

daqui do lado de fora
ouço quem chama
levanto-me da cama
pra mostrar que as cores
podem ser do seu jeito

o sentido de tudo aqui
é o valioso mistério
que cerca e amarra o homem
em suas diferentes dores

apesar do dia nublado
a vida pode ter seu riso
as pessoas podem ser boas

encontros podem acontecer
veja os sinais do paraíso

vale a pena cada abraço
cada encontro com o mar
cada banho de chuva
tantos motivos pra amar

tudo é do jeito que é
igual ou diferente
bem ou mal
o que nos espera
é o mesmo lugar

## *para minha criança*

meu canto é pra te dar
minha estrela viva
cheia de vida
sou seu lar

caminho no seu despertar
e quando você acordar
eu vou te abraçar
eu vou te ninar

vamos caminhar
segura minha mão
somos ave no céu
somos semente no chão
esperando o sol nascer
esperando você crescer

editoraletramento  editoraletramento.com.br
editoraletramento  company/grupoeditorialletramento
grupoletramento  contato@editoraletramento.com.br

casadodireito.com  casadodireitoed  casadodireito